AF248054

DUC de la SALLE de ROCHEMAURE

MAJORAL DU FÉLIBRIGE

RÉGIONALISME

ET

FÉLIBRIGE

AURILLAC

IMPRIMERIE MODERNE

1911

DUC de la SALLE de ROCHEMAURE

MAJORAL du FÉLIBRIGE

RÉGIONALISME

ET

FÉLIBRIGE

AURILLAC

IMPRIMERIE MODERNE

1911

Congrès Régionaliste

DE

BOURGES

= Septembre 1911 =

Depuis un demi-siècle, surtout, un mouvement d'opinion a pris corps, ralliant à lui les élites des milieux les plus divers, qui réclame la simplification de la machine administrative Française, estime certains de ses rouages inutiles et surannés, cherche une formule mieux appropriée à la vie moderne telle que l'ont faite aux Français du XXe siècle, les progrès matériels réalisés, l'atmosphère de liberté qui leur est devenue indispensable.

Dans les camps politiques les plus opposés, on s'accorde à reconnaître que les facilités de communication, notamment, rendent partiellement caduque l'œuvre législative de 1790 (1),

---

(1) C'est le 11 Nov. 1789 que fut voté le principe de la division de la France en départements, le 12 la division des départements en districts, le 16 la division des districts en cantons Le 15 janvier 1790, le nombre des départements était fixé à 83, le 26 février on leur donnait leurs noms et enfin le décret de division était promulgué le 4 mars 1790.

que la centralisation à outrance
Capétienne et Napoléonienne n'a
pas eu que des résultats heureux.
La division territoriale de la France,
basée sur l'arbitraire, gagnerait, dit-
on, à être modifiée, remplacée par
un cadre plus large et plus rationnel,
tenant mieux compte des affinités et
des groupements ethniques. L'idée
de décentralisation a germé, poussant des racines chaque jour plus
étendues, produisant, à côté d'un
grain fécond, la plus folle ivraie,
inspirant aux uns le plan de sages
et salutaires réformes, aux autres
les plus irréalisables utopies.

Chacun des Prétendants, aspirant
à se substituer aux Institutions
Républicaines, a inscrit, plus ou
moins, dans son programme, les mots
de décentralisation et de régionalisme. Le Comte de Chambord et le
Comte de Paris, aussi bien que le
Prince Impérial, fils de Napoléon III, se sont affirmés, maintes
fois, décentralisateurs et régiona-

listes. Les Prétendants actuels pa-raissent également avoir fait leurs,
les déclarations de leurs devanciers.
L'Eglise, traditionaliste par es-sence, n'a eu jamais qu'encourage-ments pour tout ce qui pouvait
contribuer à fortifier le lien fami-lial, accroître la vie provinciale, l'at-tachement au sol. L'éminent arche-vêque de Bourges, Mgr Dubois, affir-mait hautement ses sympathies
régionalistes dans la lettre aux orga-nisateurs du Congrès où il déplo-rait que les circonstances actuelles
ne lui permissent pas de prendre une
part plus effective aux Assises Ré-gionalistes qui se tenaient dans sa
ville Métropolitaine (1). Le soir de

----

(1) Dès le 14 avril, Mgr Dubois faisait écrire
aux organisateurs du Congrès par M. l'Abbé
Delabar, son vicaire général : — « Sa Grandeur
« est heureuse de vous féliciter de tout ce que
« vous entreprenez pour développer avec l'esprit
« régionaliste qui ne nuit pas au pur et vrai pa-
« triotisme, la connaissance et l'amour des diffé-
« rents arts qui ont été et devraient être encore
« l'ornement et le charme de la vie provinciale.
« Monseigneur eut voulu aller plus loin que ces
« félicitations très sincères ; mais l'ordonnance
« générale des futures « journées » ne le lui per-
« met pas. C'est avec regret que Sa Grandeur le

la clôture de leurs travaux, les Congressistes de Bourges ont pu entendre le joyeux carillon de toutes les cloches de la cité, unissant leurs voix, par ordre de l'Archevêque, à celles des orateurs régionalistes. Ainsi, l'idée décentralisatrice recrute ses adhérents dans les milieux les plus opposés. Au Congrès de Bourges, Charles Beauquier, Député

« constate et ce regret, veuillez le croire, il lui
« coute de l'exprimer. »

Le 10 sept, à la demande de la Municipalité de Bourges concernant la sonnerie des cloches, Mgr l'Archevêque répondait :

« Monsieur l'Adjoint,

« Je souhaite autant que personne, grand éclat et plein succès aux fêtes regionalistes qui auront lieu à Bourges les 15, 16 et 17 courant.

» En me demandant d'y faire participer l'harmonie des cloches de nos églises, vous avez, Monsieur, devancé mes désirs. C'est vous dire que je donne ordre à MM. les Curés des différentes paroisses de ta ville de faire sonner les cloches dans les conditions indiquées par votre lettre. Ainsi sera réalisée la pensée commune du Comité des fêtes et de l'Archevêque de Bourges.

» Il n'a pu dépendre de moi, vous le savez, qu'une plus large part fût faite aux souvenirs religieux de notre vieille et chère province.

» Puisqu'il s'agissait de ressusciter devant nos contemporains les âges passés, j'aurais désiré que l'union se fît, complète et cordiale, sur des données historiques qu'il n'est au pouvoir de personne de modifier ou de mutiler à son gré ; j'au-

du Doubs depuis trente-deux ans, vieil athlète de nos luttes parlementaires, défenseur convaincu des doctrines radicales et de libre-pensée, coudoie le Marquis de l'Estourbeillon, Député royaliste de Bretagne, aux irréductibles convictions Catholiques. Les Sénateurs Bonnelat, Martinet et Pauliat, le Député du Cher Mauger, le Président du Conseil Général Gestat, les Conseillers Généraux Dubois et Perriot, le Maire de Bourges, Ducrot, le Président de la Chambre de Commerce Hervet voisi-

---

rais vu revivre avec grande satisfaction quelque chose des traditions inspirées par la foi chrétienne dont notre merveilleuse cathédrale est un éloquent et indestructible témoin.

« Ce regret que j'exprime — que j'ai exprimé déjà — est partagé par tous mes prêtres, par tous les catholiques sincères et par tous ceux, quelles que soient leurs croyances présentes, qui ont le culte du passé intégral qui a fait la France si grande et si belle.

« Vous verrez dans ce regret, Monsieur l'expression indirecte, mais très vive, de la joie que nous aurions eue, mon clergé et moi, de nous associer plus activement à vos fêtes si les dispositions générales et le programme nous l'eussent permis.

« Agréez, je vous prie, Monsieur, l'expression de mes sentiments très distingués.

† LOUIS
« Archevêque de Bourges ».

nent, dans la magnifique salle de l'ancien Archevêché de Bourges devenu l'Hôtel de Ville, avec le Chanoine Bontemps, le Marquis de Chaumont-Quitry et le Comte de Montsaulnin. L'éloquent Député de Nancy, Louis Marin, Président de l'Association Régionaliste de France, groupe avec une inlassable énergie toutes les bonnes volontés, stimule le zèle des timorés, réfrène les ardeurs des impatients, maintient l'élan de tous dans la voie pratique qui peut seule conduire au patriotique triomphe des desiderata régionalistes. En offrant au Congrès une hospitalité aussi cordiale que somptueuse, le distingué Maire et la Municipalité de Bourges ont affirmé leur désir et leur espoir d'une vie plus intense pour chacune des vieilles capitales de nos anciennes provinces (1).

---

(1) M. le Député Beauquier voudrait voir adopter une division de la France en vingt-cinq régions, estime à 200 millions l'économie annuelle que donnerait cette réforme.

Officiellement chargé par le Félibrige de le représenter au Congrès de Bourges, j'avais le devoir de traduire les chaudes sympathies Félibréennes pour l'Association Régionaliste de France et ses promoteurs (1).

---

(1) A l'invitation personnelle qui m'avait été adressée au nom du Comité par le Maître statuaire Jean Baffier, Délégué de l'Association Régionaliste de France et organisateur effectif du Congrès de Bourges, j'avais répondu le 11 juillet une lettre publiée par la Presse régionaliste, indiquant les personnalités Félibriennes spécialement qualifiées :

— « Je suis confus, cher Maître, de votre cour-
« toise bienveillance à associer mon nom, sim-
« plement synonyme de bon vouloir en l'espèce,
« à ceux des hautes personnalités dont le patro-
« nage vous sera vraiment précieux. — Des ré-
« gionalistes militants, entraîneurs de foules,
« comme Armand Praviel à Toulouse, Charles
« Brun à Marseille, Arnavielle à Montpellier, le
« Dr Vabre à Béziers, Palary à Pau, Sarrieu à
« Auch, le Marquis d'Ille à Aix, Lhermite à Avi-
« gnon, Dujarric-Descombes et Benoit à Perri-
« gueux, etc, peuvent vous apporter large con-
« cours. Tous ont plume acérée, verbe ardent,
« convictions sincères. »

Toast du Duc de LA SALLE

Messieurs,

Au temps où la résistance s'organisait ici contre l'Anglais envahisseur, où le « *roi de Bourges* », abandonné, désemparé, doutant de sa propre cause, paraissait faiblir devant son devoir de « *conquistador* », un Auvergnat eut l'honneur de présider en Berry aux préparatifs de cette lutte que la Pucelle allait couronner d'inoubliables victoires.

Louis de Scorailles, puissant baron Cantalien, Sénéchal du Berry et du Limousin, Capitaine de la Grosse Tour de Bourges, Conseiller et Chambellan de Charles VII, fut un des plus utiles artisans de ce relèvement national dont Jeanne d'Arc incarne si purement l'âme (1). Les troupes qu'il recruta en Auvergne apportèrent un appréciable contingent à l'armée de la délivrance d'Orléans et de la marche victorieuse vers Reims.

Cet acte de solidarité, ce nécessaire tribut à la Patrie Française, alors « *en si grande pitié* », suivant le mot de la bonne Lorraine, l'Auvergne l'a toujours acquitté avec entrain, fière de son régiment, réputé entre tous, que le Chevalier d'Assas illustrait au soir de Clostercamp (2) avant qu'il ne se couvrit de gloire une dernière fois, grâce à nos immortels Volontaires de 1792.

Dans un tout autre domaine, c'est encore ce même sentiment de solidarité interprovinciale qui nous fait répondre aujourd'hui à votre paci-

---

(1) Louis II. baron et comtour de Scorailles, dont les immenses domaines couvraient l'arrondissement actuel de Maurjac, l'un des plus riches seigneurs d'Auvergne, fut homme de guerre de valeur et organisateur émérite. Sa fille avait épousé Pierre, baron de la Salle et de la Faurge, qui servait sous les ordres de son beau-père à la délivrance d'Orléans par Jeanne d'Arc.

(2) Village de Prusse à 6 kil. de Dusseldorf. Le dévouement du Chevalier d'Assas précéda la victoire du maréchal Castries — 1760.

fique appel, nous associer à l'effort
que vous souhaitez promouvoir pour
populariser, dans de sages et démo-
cratiques limites, l'idée féconde du
régionalisme.

Mieux, peut-être, que bien d'autres
provinces, nous avons conservé ce qui
pouvait utilement l'être de notre phy-
sionomie particulière, de nos mœurs,
de notre langue. En vain, nos émi-
grants, qui se comptent par milliers
sillonnent-ils les chemins du monde;
à l'automne de leur vie, tous revien-
nent au terroir natal s'y constituer
les fidèles gardiens de cet esprit an-
cestral nullement exclusif, largement
ouvert, au contraire, au progrès, irré-
ductiblement réfractaire, seulement,
à ce scepticisme générateur des déra-
cinés et des sans-patrie.

L'Auvergnat a le culte de sa terre
et de ses morts; il cherche d'instinct
ce terrain nécessaire de conciliation
entre la tradition et le progrès, entre
l'individualisme vers lequel on l'ac-
cuse, même, d'être trop enclin, et

l'associationisme qui s'impose chaque jour davantage, bien en dehors des sphères purement économiques, entre le besoin inné de liberté et les salutaires entraves de l'indispensable discipline. Son esprit réputé, à juste titre, éminemment pratique, ne fait pas de lui l'esclave aveugle d'un passé mort, des choses définitivement abolies, mais il entend bénéficier de l'expérience cent fois renouvelée des ancêtres. Si notre chaîne Cantalienne nous fut, maintes fois, un rempart, une défense qui nous permit, mieux qu'à l'habitant des plaines, de nous développer plus à l'aise conformément à notre ambiance, à notre tempérament, à notre sol, nos montagnes ont aussi leurs cols, leurs vallées que nous avons suivis, de tout temps, pour aller chercher au dehors et rapporter au terroir le mieux-être matériel et moral, bénéficier des progrès mieux et plus vite réalisés chez nos voisins. Mais, de même que notre sol et notre climat ne se prêtent guère à l'acclimation de telle culture ou de telle essence, notre rude bon sens répugne aussi à cette assimilation outrancière, à ce nivellement centralisateur exagéré qui fait souvent trop bon marché des intérêts provinciaux les plus respectables.

Ne sont-ce pas là les purs desiderata régionalistes qui souhaitent voir s'harmoniser enfin aux nécessités modernes cet organisme gouvernemental aux rouages par trop multiples et compliqués qu'un Président du Conseil, M. Clemenceau, comparaît naguère à la vieille machine de Marly !

Nombre de bons esprits estiment que l'œuvre centralisatrice de la Monarchie renforcée par Napoléon n'est plus adéquate à notre siècle de l'électricité et de l'aviation, que notre division territoriale est par trop arbitraire, ne tient aucun compte de l'homogénéité géologique et économique, qu'il est choquant de voir, par exemple, la Lozère comptant quatorze fois moins d'habitants que le département du Nord, fournissant cinquante-quatre fois moins d'impôts, entretenir presque le même nombre de fonctionnaires pour son administration. Elle serait, évidemment, plus rationnelle et moins coûteuse une division plus large qui serait basée sur la géologie, la climatologie, l'hydrographie, facteurs puissants du genre d'existence et de la vie d'un peuple, qui influent si fortement sur l'habitat, les migrations, la culture même et différencient logiquement les groupes ethniques.

Aucune de ces considérations n'est entrée en ligne de compte dans l'œuvre législative de 1790. La division arbitraire par départements et arrondissements paraît avoir été uniquement basée sur le désir de placer le contribuable et le justiciable le plus éloigné à moins d'une journée de marche du chef-lieu administratif et judiciaire. L'état des routes à la fin du dix-huitième siècle, ou plutôt leur inexistence, justifiait alors cette considération que chemins de fer, au-

jourd'hui aéroplanes demain, peut-
être, rendent entièrement surannée.

Hommes d'Etat et Législateurs,
Econômes et Philosophes, et non des
moindres, ont creusé le problème ; les
grandes Assises régionalistes de
Bourges ont jeté sur la question un
jour tout nouveau. Les infatigables
apôtres du régionalisme, Charles
Beauquier, Député du Doubs, Louis
Marin, Député de Nancy, mon éloquent ami Charles Brun, vingt autres
encore des plus qualifiés (1) ont
décrit, un à un, tous les aspects, élu-
cidé chaque difficulté, lumineuse-
ment montré les bienfaits de la
réforme régionaliste. Leurs clairs
exposés de doctrine, l'étude appro-
fondie des résultats pratiques, réali-

____

(1) Ont pris la parole au Congrès régionaliste, entre
autres personnalités : M. le Maire de Bourges, Louis
Pauliat, sénateur du Cher, Lefas, député, Rolland, professeur à la Faculté de Droit de Nancy, Désiré Ferry,
J. Mihura, avocat au Conseil d'Etat, Antonelli et
Hertz, de « La Démocratie Sociale », Jean de Bonne-
fon, le docteur Leprince, H. Laudier, conseiller général du Cher, M. Hervet, Président de la Chambre de
Commerce, Turpin, président de la Société historique,
le maître statuaire Jean Baffier, l'organisateur du superbe cortège historique et des fêtes artistiques du 17
septembre, etc.

sables sans heurts, qu'ils nous ont fait toucher du doigt démontrent surabondamment que, loin d'être un recul vers le passé, le Régionalisme, tel que le comprennent et le propagent ses promoteurs, constitue un nouveau et puissant élément de prospérité nationale, un progrès digne de tenter les généreuses ardeurs de notre Démocratie si noblement éprise de mieux-être moral et de liberté.

A cet idéal qui n'a rien d'utopique, à la réalisation de ce programme décentralisateur, à ce patriotique régionalisme, générateur d'une France plus forte où chaque province donnerait une meilleure et plus complète contribution à l'indissoluble bloc national, le Félibrige m'a officiellement chargé d'apporter son adhésion et ses vœux. Son chef, le Capoulié Valère Bernard, a bien voulu me donner mission de vous dire nos chaudes sympathies félibréennes, vous assurer de notre plus zélé concours.

Majoral du Félibrige, je ne peux vous faire impartialement l'historique de ce grand mouvement Méridional qui a pris naissance sur les rives du Rhône, au milieu du dix-neuvième siècle, et dont le glorieux père de Mireille reste le patriarche vénéré (1). Il suffit d'assister à une de nos réunions annuelles, qu'elle se célèbre au pied des Alpes ou au cœur des Pyrénées, pour comprendre combien vibre puissamment le midi de la Gaule à l'évocation de son passé glorieux chanté par ses poètes, conté par ses historiens, dans la langue ancestrale.

Elle est éminemment patriotique et féconde, comme le régionalisme, dont elle est sœur, l'œuvre Félibréenne qui groupe dans un fraternel coude-à-coude tous les fils de la terre Occitane, sans distinctions de préférences politiques ou de convictions religieuses, qui fait communier à la

____

(1) Le Félibrige a été fondé à Fonségugne, près Avignon, le 21 mai 1854, par sept jeunes poëtes Provençaux dont Mistral reste l'unique survivant.

même coupe, dans un même idéal, un Moine austère et fervent comme le R. P. Xavier de Fourvières, Prieur des Prémontrés, et le fougueux Député socialiste qu'était Clovis Hugues !

Souhaitant ardemment voir grandir cet espoir, ce besoin de paix et de concorde, s'étendre à tous les fils de la terre Française, je lève mon verre à la Ville de Bourges, à son premier Magistrat que je remercie de son hospitalité flatteuse. Au nom du Félibrige, je bois à la diffusion de la doctrine régionaliste, à l'amour de la petite patrie, au culte de la terre natale, à la gloire de la grande Patrie (1).

∞

______

(1) Les journaux du Berry, sans distinction d'opinions, la Presse Cantalienne, nombre de Journaux Parisiens et de diverses provinces, les organes régionalistes et félibréens ont bien voulu reproduire ce toast « in-extenso » ou en donner de larges extraits.

Félibrige Limousin

Les Fêtes de l' « Eglantine »

à BRIVE

en 1911

Le *Corrézien* a donné des fêtes félibréennes de Brive ce compte rendu :

La XVIIe Fête de l' « Eglantine »

La XVIIe fête de l'Eglantine que la
« Ruche Limousine de Paris » et le « Félibrige Limousin » organisent chaque année
dans le pays, a été célébrée à Brive, samedi
et dimanche derniers, avec le plus grand
succès.

De l'Auvergne, du Périgord, de tous les
points du Limousin, les adeptes de la Renaissance provinciale étaient accourus à
l'appel cordial des félibres et des abeilles de
la Ruche. Parmi eux, nous citerons : MM. le
duc de la Salle, Robert Benoît et Bombal,
félibres majoraux ; Mlle Genès, MM. A.
Marpillat et J. Plantadis, maîtres en gai
savoir ; Lecherbonnier, conseiller à la Cour

de cassation, président honoraire de la Ruche; R. de Lasteyrie, membre de l'Institut; Raoul Charbonnel, André de Lachapelle, Emile de Bort, J.-B. Chèze, Leygonie, J. Ferrière, L.-J. de Bar, Muzac, Branchat de Léobazel, les poètes Berton, Lafforgue et Caze, le céramiste Bernadou, de Lacrousille, avocat à Périgueux, délégué du Bournat, etc., et le contingent important des brivistes: docteurs Priolo, Thiroux du Plessis, F. Vialle, Verlhac et Monjauze, M. et Mme Peyre, Doussaud, député; Ph. Lalande, Roussel, Raynal, Miginiac, Dumont-Maliverg, J. Margerit, L. Roche, etc..

Dans l'après-midi du samedi, les félibres se réunirent à la mairie, sous la présidence de leur chaptal, M. Bombal. Ils entendirent la lecture de deux importants rapports, l'un présenté par M. Muzac, chancelier, sur l'action félibréenne en Limousin, de 1892 à 1911; l'autre, de M. J. Plantadis, sur un plan de campagne félibréenne. Puis ils élirent leur bureau: MM. Bombal, chaptal; docteur Thiroux du Plessis, syndic; Mlle Genès. MM. Priolo, Marpillat et Raymond Laborde, vice-syndics; Amédée Muzac, chancelier; MM. Léon Roussel, Alexis Jaubert, René Fourgeaud et Léon Roche, vice-chanceliers; J. Branchat de Léobazel, Bayle.

La soirée du théâtre fut superbe. Assistance nombreuse et brillante au milieu de

laquelle on remarquait près de cent dames
et demoiselles parées du gracieux barbichet
limousin. C'est entouré d'un charmant
essaim de jeunes filles que M. André de
Lachapelle, avocat à la Cour d'appel de Paris, vice-président de la Ruche, fit sa conférence très documentée, sur le Vieux Brive,
ses souvenirs historiques et ses célébrités,
et que Mlle Blanche Selva, l'incomparable
pianiste de Paris, professeur à la Schola
Cantorum, mais native de Brive, fit entendre de merveilleuses compositions, notamment la fulgurante *Espana*, de Chabrier, et
des paraphrases d'airs populaires recueillis
par Charles Bordes et Vincent d'Indy. Son
succès fut très vif et les rappels nombreux.

Quant à la jolie pièce en vers de
MM. Pierre Verlhac et Henri Monjauze,
Troubadours, elle fut accueillie avec enthousiasme par une assistance émerveillée,
aussi bien par le jeu des acteurs que par la
richesse des costumes moyennageux et
l'éclat de la mise en scène reconstituant une
Cour d'amour au XIIᵉ siècle, au château
de Ventadour. Tous les interprètes, dont le
très aimable talent fut conduit par la sûre
maîtrise de Mme Hennequin, surent vaincre toutes les difficultés et donner à l'œuvre sa valeur pleine.

Le dimanche, près de cent convives s'asseyaient à la *Taulada*, autour de Mlle Marguerite Priolo, reine du Félibrige, délicieusement parée du barbichet, de Mme Berton, reine du *Bournat,* du Périgord, et des majoraux Bombal, Duc de la Salle et Robert Benoît. Les toasts, aimables et éloquents, tant en français qu'en patois, de MM. Bombal, Thiroux du Plessis, de La Crousille, Marpillat, duc de La Salle, de M. le maire de Brive et de Mlle Priolo, furent accueillis par des bravos répétés.

Sous les frais ombrages d'épais platanes se tint ensuite la cour d'amour. Avec une bonne grâce parfaite, Mlle Marguerite Priolo, assistée de la reine du Périgord, et de tout un groupe de dames en toilettes claires, sur lesquelles le barbichet battait joyeusement des ailes, la présida. Elle dit un excellent sonnet de Mlle Genès, fit un message tout plein de saveur limousine, proclama les noms des lauréats des jeux de l'Eglantine (MM. Marpillat, Marius Bertrand, Philibert Mazaudois, Verdier, Genet, Marie Champeil, Albert Reynal Millot, Delmond, Edouard Mazin, Marguerite Froment, Taxain, etc.), alors que des trompettes sonnaient les appels joyeux écrits spécialement par M. Francis Casadesus, que MM. André de Lachapelle et Emile de Bord déclamaient, l'un « l'appel du meneur du Jeu », l'autre, le « Salut à la Reine », que des dames et la *Lyre Briviste* entonnaient une *maïada* du XIIe siècle: *A l'in-*

trada del tems clar, un chœur de M. Bombal, que son rythme entraînant fit bisser *L'Escoudaire,* et le chant des félibres *La Limouzina,* de Joseph Roux, musique de Sourilas.

Puis dans leurs œuvres et dans celles de Mlle Genès, de MM. Marpillat, Raoul Charbonnel et Chastanet, MM. Robert Benoît, Marpillat, Muzac, Dumont-Maliverg, J.-B. Chèze, J. Plantadis, Maurice Priolo, Reyjal, se firent applaudir chaleureusement.

Vint après, sur un théâtre de verdure, la pièce en vers français de Mlle Marguerite Genès, et de Mme Mathylde Peyre, née Bousseyrol, *Leis d'amor.* Traité en un style gracieux, plein de sensibilité, d'esprit et de verve aimables, cet épisode de la vie de Bertrand de Born.

Et pour clore une autre pièce extremement amusante, *Tracassou,* de M. J.-B. Chèze (de Corrèze), pochade limousine, de vrai comique, de mots heureux, de situations imprévues, qui mit en joie délirante le public.

N'oublions pas l'exposition artistique installée avec goût par MM. Gaillot et L. Roussel et dans laquelle on remarqua les grés si originaux de M. Bernadou, le céramiste des Monédières, les eaux-fortes de MM. François Ferrand, Gaillot, les peintures de M. Martin et autres artistes et

amateurs dont les œuvres sont d'un réel
mérite.

L'excursion à Aubazine, le lundi, fut des
plus gaies. On chanta avec entrain et on
visita les beautés pittoresques de la petite
bourgade avec un intérêt soutenu et toujours renouvelé.

Coumplimen

del DUQUE DE LA SALLE
Mojouraou d'Oubernhe

Lou corotari Limousi

Fraïres Limousis,

Sei dobolat de leis mieous mountonhos del Contaou bol *Poïs-Bas,* que disons naoutres, per bous pourta lo brossado omistodouso del *Poïs-Nal d'Oubernhe,* soluda bouostro reino, tont poulido e douçoreloto, del Felibritchie Limousi, bouostre berturiou « chaptal », lou Mojouraou Boumbal, moun counfraïre eimat, bous pourta ô toutes les coumplimens omistodous deis bouos-

Allocution

du DUC DE LA SALLE

Majoral d'Auvergne

————⁂————

Le caractère Limousin

————⁂————

Frères Limousins.

Je suis descendu de mes montagnes Cantaliennes vers « *le Bas-Pays* », selon une expression qui nous est familière, pour vous porter l'affectueuse accolade du « *Haut-Pays d'Auvergne* », saluer votre belle et gracieuse reine du Félibrige Limousin (1), votre toujours vigoureux « *Chaptal* » (2), le Majoral Bombal (3), mon collègue aimé, vous dire à tous les chaudes sympathies

(1) Mlle Marguerite Priolo.
(2) L'Ecole Limousine donne à son chef le nom de « *Chaptal* » équivalent de « *Capiscol* » et de « *Capoulié* ».
(3) E Bombal, d'Argentat élu Majoral du Félibrige en 1910, en remplacement du poète cantalien A. Vermenouze, porte avec une extraordinaire vigueur ses quatre vingt quatre ans.

tres bisis· de delaï lo Dourdougno e los camps d'ô Mounber.

Es plot bertat de dire que d'estre soben gasto rès e que del sossicat be l'eime ! Estet un temps que nous imoginosions dioure ol Mietchour lou clon qu'obiou leis nostres Troubaïres ; cresions que d'Arlo, d'ô Béziès, d'ô Toulouso, nous ero bengudo lo foufo oppossiounado des Pierre d'ô Bit, Pierre Rougier, Oustou d'Ourlhat e que leis bouostres gronds contaïres d'oncien temps leis Bentodour, leis Ussel e tontes maïtes s'erou ensignats oïs escolos de Proubenço. — Sobons, huei, ô n'en pas douta, que si naoutres debons ô lo Proubenço oquello reneissenço Mistrolenço, noscudo ô Fountsegugno, espondido ol souel d'ô Maïano

de vos voisins d'au-delà de la Dordogne et des landes de Montvert (1).

C'est vérité universellement admise que la science met toutes choses en valeur et que la connaissance exacte du passé engendre un sage discernement. Il fut un temps où chacun croyait de bonne foi que nous étions redevables au Midi du talent poétique de nos Troubadours, où l'on était persuadé qu'Arles, Béziers, Toulouse avaient insufflé leur fougue et leur lyrisme aux Pierre de Vic, Pierre de Rogier, Astorg d'Aurillac, que vos grands poètes médiévals, les Ventadour, les Ussel et tant d'autres, avaient puisé leur inspiration, affiné leur talent aux écoles de Provence. Il est pleinement acquis désormais que si nous devons, en toute vérité, à la Provence, cette Renaissance Mistralienne née à Fontségugne (2), gran-

____

(1) La Dordogne sépare, sur un certain parcours, le Cantal de la Corrèze. Montvert est la dernière commune du Cantal limitrophe du Limousin

(2) Fontségugne, près Avignon, lieu de réunion des sept poètes Provençaux fondateurs du Félibrige.

pel païre de Mireio, lou Mietchour ò
recegut, oncien temps, del Limousi, los
premerios leiçous de pouesio Roumano
e qu'eici fouguet bressado dins un bret
Limousi, oquello lengo de Guillaoume,
lou Couomte d'ô Poitiers, que, paouco
ô paouco, gognet l'Oubernhe, les poïs
d'o Roudès et del Caousse, de Lengo-
doc, Proubenço, Cotolounio e quittomen
l'Itolio.

Terro meiralo deis Troubaïres, lou
Limousi o bit rotchia, ol pès d'un deis
sieous rots, l'uel de lo fouont de pouesio que s'olondet bol Mietchour. Leis
salos des costels d'ô Bentodour è d'ô
Turenno, ousiguerou los premieros consous des pus onciens Troubaïres. Oprès
uno nuet negre, longo de maï de cinq
cens ons, leis nostres païres, prou offe-
nats ô s'opora deis tustes que leis offro-
babou, e d'omoun è d'obal, obiou maï

die au soleil de Maillane, grâce au père de Mireille, c'est, au contraire, le Midi qui reçut jadis du Limousin les premières leçons de poésie Romane. Dans votre province, se développa, choyée dans son berceau Limousin, cette langue du Comte Guillaume de Poitiers, qui franchit bientôt vos frontières, se répandit en Auvergne, gagna vite le Rouergue et le Quercy, le Languedoc, la Provence, la Catalogne et jusqu'à l'Italie.

Patrie initiale des Troubadours, le Limousin a vu jaillir de la faille d'un de ses rocs la source de Poésie qui s'est épandue vers le Midi de la Gaule. L'écho des salles de vos châteaux de Ventadour et de Turenne redit le premier les premières chansons des plus anciens Troubadours. Au sortir des épaisses ténèbres intellectuelles qui, cinq siècles durant, les avaient ensevelis, nos pères épuisés par leurs continuels efforts à parer les coups qui les meurtrissaient de toutes parts étaient plus enclins

ebetchio de ploura que de conta ! — Lou premié, lou Limousi tournet penre clon. Goris, en prou fat, de lo poou de beire lo terro s'offroba omasso del temps que lou nostre Gerbert, d'Ourlhat, ero Papo d'ô Roumo, leis mascles Limousis se pouguerou pas tene de demoura mutes, s'oloncerou ô bonta lo beltat de lours mestressos, lou ploser de fa lo guerro è l'omour. Otaou nosquerou, tchia baoutres, los premieros consous deis Troubaïres, otaou se fourmet eici e se l'i ofustet oquello lengo dé los Cours d'Omour, porlat raoufi è dolicat, que s'opelabo Lengo Limousino e memomen d'Oubernhé dobon d'estré botetchiado del caïre noum de *Lengo Roumano,* lengo pouderouso e sobento

aux larmes qu'au rire. Le Limousin fut le premier à donner le signal de cette résurrection intellectuelle. A peine revenus de l'angoisse qui étreignit l'humanité sous le Pontificat de Gerbert, l'enfant d'Aurillac (1), les poètes Limousins sortirent de leur long mutisme, se risquèrent à célébrer la beauté de leur mie, à chanter la guerre et l'amour. Ainsi naquirent en Limousin les premiers essais poétiques des Troubadours, ainsi surgit de votre sol cette langue des Cours d'Amour, idiome précieux et délicat, qui fut appelée Langue Limousine et même Auvergnate (2) avant de recevoir le nom de langue Romane (3), idiome vigoureux et

---

(1) Les prétendues terreurs de l'an mille. Il est aujourd'hui admis qu'elles n'eurent pas le caractère général qu'on leur avait attribué.

(2) Les Troubadours appelaient langue Limousine, langue Auvergnate, l'idiome dont ils se servaient exclusivement, avant que l'usage prévalut de le dénommer langue Provençale. Il était sensiblement différent des dialectes vulgaires en usage, de leur temps, dans ces diverses provinces.

(3) Il n'y a jamais eu de langue Romane à proprement parler. Le Français, l'Italien, l'Espagnol, sont des langues Romanes, au même titre que la langue des Troubadours. Toutes sont dérivées du Latin. L'usage est enraciné de dénommer langue Romane celle dont les Troubadours ont fait exclusivement usage.

tot morido e espillonsado ohuey, qu'en prou fa si leis nostres potaï gardou marco, paoubres bostordous desonats, de lour reide-beleto, lo lengo usotchiero deis Gronds e des quittes Reis, ol temps de Bernat d'O Bentodour, Guinot d'Ussel e Feidit d'Uzercho.

Sensa nougal de lo Fronço, lou Limousi es courdurat debol Lébon per puèts d'Oubernhe, déséporat del Mietchour per los camps piouados del Caousse. Toun l'opora del bent negre, los mountonhos de lo Marcho li foou cengio tot destretchio que li daïssou

savant, si déchu et appauvri maintenant, qu'à peine si nos dialectes actuels en gardent quelque ressemblance! Ils ne sont que de pauvres deshérités, spoliés des richesses de leur aïeule, la langue coutumière des Grands, en usage dans les Cours, au temps de vos Bernard de Ventadour, Guillot d'Ussel et Faydit d'Uzerche.

Situé presque au centre de la France, le Limousin est borné, au Levant, par les monts d'Auvergne, séparé du Midi par toute l'étendue des landes stériles du Quercy. Les montagnes de la Marche l'abritent des frimas du Nord, l'enserrant si étroitement, de ce côté, qu'il ne peut

gaïre d'escouredou per s'olonda bo lo
plono quel del coustat del Perigord e
de l'encountrado ound'moduro lou rosi
de l'aigo-ordent.

De memo que l'Oubernhe, guel se
reportit en Nal et Bas Poïs e leis suos
ribieros, coum'oquellos del Contaou,
tirou, los unos, douçomenot, lo Gortam-
po è lo Bienno, bol Nord per ifla lo
Louero, los aoutres, pus molentos e
fodetchiaros, Lo Courrezo e lo Bezero,
ô trobers poïs bignople, per se cofourmi
dins lo Gorouno.

Eici les puets soun putchotels, leis
mountonhos coulinos esclofados, leis
ribieros bolouns destretchiots; les
rious, estronglats, maï que maï, dins
les courredous que lour daïssou, en prou
fa, leis rots, bermegiou d'impacinço, se
torsou coumo bouobos, per fugi pus

étaler ses plaines et ses vallées fertiles que vers le Périgord et la région où mûrit le raisin auquel nous devons « *l'eau-ardente* » (1).

A l'exemple de l'Auvergne, sa voisine, il se divise, comme elle, en Haut et Bas Pays, et, de même que les cours d'eau Cantaliens, ses rivières coulent, les unes, lentes et placides, telles la Gartempe et la Vienne, vers le Nord, tributaires de la Loire ; les autres, écumantes et fougueuses, la Corrèze et la Vézère, se hâtent d'aller, à travers les vignobles, grossir la Garonne.

Chez vous, les pics ne sont que mamelons, les montagnes, collines basses, les vallées, gorges étroites. Vos ruisseaux coulent, presque tous, encaissés, frayant, à grand'peine, leur route, à travers les rocs entassés, écumant d'impatience, se tordant comme des couleuvres, pour fuir plus

____

(1) L'Angoumois et le pays de Cognac.

biste bo los terros bassos que les oppe-
lou.

Poïs de broussiès, de gorrits et de
bèts; mès tobe, poïs de costognès e de
nouiès, de terros omoudados maï que
de coudeno, de bouos maï que de
bignos. — Leis grondos estendudos de
prados berdegiaros li soun tot rales que
los plonos ensetados ô perto de bisto e
leis trobers ensoulillats plontats de
cépouns olignats.

Rès li monco, ço que de laï ol
Limousi; de tout n'o un picossel. Oquel
que trobo pas lo terro trop basso li
pouot bioure sons poti e, omb'prout
peino, fa brabe recurun. — Desempiei
cinquont'ons de que n'ô pas fa lou trobal de l'ome din bouostre poïs! —
Camps è broussiès, embentrats omb,
l'olaïre de fer, daissou broulia blat e
froumen ound'li obio que fouïero,

vite vers les terres basses qui les attirent.

Pays d'ajoncs, de chênes et de bouleaux, mais aussi, région des châtaigners et des noyers, contrée des labours plus que des pacages, de taillis plus que de vignobles. Les grandes prairies verdoyantes y sont aussi rares que les vastes étendues de guerets et les coteaux chargés de ceps plantés en bel ordre.

Rien, à vrai dire, ne fait, pourtant défaut au Limousin; il participe largement à tous les bienfaits de la nature. Le travailleur énergique qui ne redoute pas le labeur agricole, peut y vivre à l'aise, recevoir largement le prix de sa peine, faire abondante récolte. Quels progrès réalisés chez vous dans les méthodes de culture, depuis un demi-siècle! Landes incultes, jachères stériles ont été défoncées grâce aux charrues puissantes; seigles et froments poussent leurs chaumes vigoureux là où n'apparaissaient jadis, que fougères,

brousso e ginestos ; leis sognats égou-
tits, obounats o rigour de biaous, soun
beguts prodelous brobounels, postu-
raous ocoudenits ound' païsso, aro,
bouostre bestiaou Limousi, o bourro
lusento, gras e berturious.

Si n'obès pas frutchio Mietjouralo o
coperdou, en d'estre pas trop coubes,
s'es pas de plongi, o n'en creire un deis
bouostres efons d'ô Bort, Marmontel
quond nous dis de que se regolabo lou
peison Limousi del sieou temps :

« Nos pommes et nos poires confites
» au miel de nos abeilles étaient, durant
» l'hiver, pour les enfants et pour les
» bonnes vieilles, les déjeuners les
» plus exquis... L'huile exprimée de
» nos noix encore fraîches avait une
» saveur, une odeur que nous préfé-
» rions au goût et au parfum de celle
» de l'olive. — Je ne sais pas quel

genets et bruyères. Les marécages desséchés à grand renfort de drains sont devenus grasses prairies, pâturages herbeux où se prélasse aujourd'hui votre superbe race bovine au poil luisant, grasse et de belle venue.

Si vous n'avez pas en surabondance cette infinie variété de fruits que produit le Midi, à la condition de savoir modérer vos convoitises, vous n'êtes, néanmoins, pas à plaindre si l'on en croit un de vos écrivains, originaire de Bort, Marmontel qui nous décrit les joies gastronomiques du paysan Limousin de son temps :

— « Nos pommes et nos poires
» confites au miel de nos abeilles
» étaient, durant l'hiver, pour les
» enfants et pour les bonnes vieilles,
» les déjeuners les plus exquis....
» L'huile exprimée de nos noix
» encore fraîches avait une saveur,
» une odeur que nous préférions au
» goût et au parfum de celle de
» l'olive. — Je ne sais pas quel mets

» mets nous eût paru meilleur que nos
» raves et nos châtaignes ; et, en hiver,
» lorsque ces belles raves grillaient, le
» soir, à l'entour du foyer ou que nous
» entendions bouillonner l'eau du vase
» où cuisaient ces châtaignes si savou-
» reuses et si douces, le cœur nous pal-
» pitait de joie. — Je me souviens aussi
» du parfum qu'exhalait un beau coing
» rôti sous la cendre... » (1).

O lo frutchio, ol légume que Marmontel troubabo tont dolicat, ojustons,
se ous plaï, lou filet d'un deis bouostrès
biouos, lou combojiou d'un d'oquetchiès
bestits de sede qu'oun bei per troupels
moudilla leis bouos, d'ô Bribo ô Limotchi, mettons li enquerro uno garro plo
tenroto de fedo, miet doutchaino de
troutchios deis bouostres riouotels, uno
lebro et dous perdigals de l'onnado de
leis brouostros camps, caoucos caillos
grossettos oposturados peis blats-

<hr>

(1) Marmontel (1723-1799), né à Bort (Corrèze).

» nous eût paru meilleur que nos
» raves et nos châtaignes ; et, en
» hiver, lorsque ces belles raves gril-
» laient, le soir, à l'entour du foyer
» ou que nous entendions bouillir
» l'eau du vase où cuisaient ces
» châtaignes si savoureuses et si
» douces, le cœur nous palpitait
» de joie. — Je me souviens aussi du
» parfum qu'exhalait un beau coing
» rôti sous la cendre... » (1)

A ces fruits, à ces légumes si
appréciés de Marmontel, ajoutons,
s'il vous plaît, le filet d'un de vos
bœufs, le jambon d'un de ces « *ha-
billés de soie* » qu'on voit par trou-
peaux fouiller le sol du groin, entre
Brive et Limoges ; joignons-y un
tendre gigot d'agneau, demi-dou-
zaine de succulentes truites qui fré-
tillent dans vos ruisseaux, un lièvre,
deux jeunes perdreaux de l'année de
vos hauts plateaux, quelques cailles
grassouillettes gavées du grain de

____

(1) Marmontel (1723-1799), né à Bort (Corrèze).

negres, cotchions z'o plot omb' très ou
quatre tolious de « clafoutis » (1),
embiourons z'o rete omb'prout bi biel
d'ô Bellet ou d'ô Bilhat (2), e beirès,
baoutres, que, sons rès moleba fouoro
Limousi, ourens fat un crane desportit !

Rès bous monco bous disé ; z'obés tout
ô lo mouieno, rès d'esogorat, un bouci
de cadun ! N'es pas maou odret é bous
z'o dis sons fa tort ol Limousi ni trop
coumplimen, oquel qu'o escrit :

« — Regardez cette terre ; rien d'ad-
» mirable ou de grandiose ; rien, non
» plus, de sombre ou de désolé. Point
» de montagnes, des collines ; point de
» fleuves, des rivières ; point de lacs,
» des étangs ; point de vallées, des val-
» lons ; point de rochers abrupts qui
» mettent une note farouche dans le

____

(1) Gâteau limousin aux merises.
(2) Beaulieu et Belliac, localités limousines renom-
mées pour la qualité de leur vin.

« *vos blés noirs* » (1), tassons le tout avec trois ou quatre tranches de « *clafoutis* », arrosons-le abondamment de belles lampées de vieux vin de Beaulieu ou de Belliac et vous devrez convenir, qu'avec les seules productions du sol Limousin, on peut faire un succulent repas !

Avais-je tort d'affirmer que rien ne vous manque ? Vous possédez une excellente moyenne, rien à profusion ; de tout un peu ! C'est un observateur et un critique vraiment impartial, l'écrivain qui dit de vous :

« — Regardez cette terre ; rien
» d'admirable ou de grandiose ; rien,
» non plus, de sombre ou de désolé.
» Point de montagnes, des collines ;
» point de fleuves, des rivières ;
» point de lacs, des étangs ; point de
» vallées, des vallons ; point de
» rochers abrupts qui mettent une
» note farouche dans le paysage,

---

(1) Le « blé-noir » ou sarrasin, cultivé en Limousin comme en Haute-Auvergne et en Bretagne.

» paysage, mais, partout, des bois, des
» prairies, des eaux courantes, un ciel
» doux et bas, tendu sur les seigles, les
» blés-noirs et les taillis... — On détes-
» tait son ciel terne et gris, avare de
» lumière et de chaleur, on goûte peu
» à peu la douceur des brumes qui voi-
» lent toujours un coin de l'horizon
» pour mieux nuancer les verdures trop
» intenses du paysage. On cherchait
» avec désappointement dans ses cam-
» pagnes les belles vallées largement
» ouvertes dans l'écrin des collines
» harmonieuses et on se plaît à recon-
» naître le charme intime de ses frais
» vallons, la grâce sauvage de ses fou-
» gères penchées sur quelque étroit
» ruisseau » (1).

Tristos et longuiaros un picossel,
beleou, soun los camps piouados, lou
poïs perdut d'Eygurando ou d'Ussel,

---

(1) Jean Vézère : « Croquis Régionaliste : Le Limousin » — Journal « La Croix » Juillet 1908.

» mais, partout, des bois, des prai-
» ries, des eaux courantes, un ciel
» doux et bas tendu sur les seigles,
» les blés-noirs et les taillis... On
» détestait son ciel terne et gris,
» avare de lumière et de chaleur, on
» goûte peu à peu la douceur des
» brumes qui voilent toujours un
» coin de l'horizon pour mieux nuan-
» cer les verdures trop intenses du
» paysage. On cherchait avec désap-
» pointement dans ses campagnes
» les belles vallées largement ouver-
» tes dans l'écrin des collines har-
» monieuses et on se plaît à
» reconnaître le charme intime de
» ses frais vallons, la grâce sauvage
» de ses fougères penchées sur
» quelque étroit ruisseau. » (1)

Mélancoliques et tristes apparais-
sent peut-être au touriste vos immenses landes grises et solitaires d'Eygu-
rande et d'Ussel ; mais, en revanche,

____

(1) Jean Vezere : « Croquis régionaliste : Le
Limousin » — Journal « La Croix » Juillet 1908.

mes contchiès d'endrets ô souet, de
caïres berdegiaires, l'i o pas en Bas-
Limousi! — Si lo bisto l'i es bournado
e si, coumo troupel de fedos ogrou-
melados, los coulinos l'i cucou souben
lou laï-long, se l'i trobo proutos coum-
bottos oùnd lo coudeno berdegio ol pus
ras d'un estong. L'o fueillo tromblaïro
deis bets fo donsa soun oumbro lougièro
sul miral de l'aigo en li figura coum'
uno dontelo pus fino è dolicato que çat
de *pount d'Ourlhat*. Pel trobers, d'oun
ragio lo fountonello que dono bido o
l'estong, leis costoniès s'esparpaliou;
oquetchies costoniès :

Que dis lou nostre Bermenouso (1).

« ... Tals que deis souldats en guerre
» En botolhouns corrats, poumats coumo deis
[caous
» Beiren les costoniès golhards sourtir de terro

---

(1) Vermenouze. — « Jous la Cluchado » — « Lou
Poïs-Bas » — P. 364-365.

que de coins délicieux, que de verts et gais vallons ne découvre-t-on pas en Bas-Limousin ! Si l'horizon y manque d'ampleur, si, rappelant un troupeau de brebis tassées l'une contre l'autre, vos collines cachent les lointains, rétrécissent quelque peu les perspectives, on y rencontre, à chaque pas, maintes dépressions du sol ou verdoie le gazon encadrant la moire de quelque étang. La feuille délicate et légère du bouleau fait danser, au moindre souffle, son ombre légère sur le miroir de l'eau, l'ornementant d'une sorte de dentelle plus finement ouvrée que le plus beau « *point d'Aurillac* ». Les pentes du coteau, d'où naît la source alimentant la mare, sont couvertes de châtaigniers à la puissante ramure, de ces châtaigniers qui, selon la poétique description de notre Vermenouze :

« ... Tels que des soldats en guerre.
« En bataillons carrés, pommés comme des choux,
« Vous verrez s'élever les châtaigniers vivaces ;

» E poussa, quittomen, ol miet deis rots forraous,
» Bers d'un ber lusen de foyonço bernissado
» Ocatou tou lou soou, trobers, coumbos et tourels
» Desplegou largiomen lour cimo esporfolhado
» E quilhats sur lous reis, dur et soulide ortel
» Entreton qu'o lour pès lo terro cromo et bado
» Les costoniès orciats s'obiourou de souel. »

Qu'o bis lo plono de Bribo, jiomai l'ouplido! Espondido pel miet del compestre, ol pès de los coulinos que li foou paroben, Bribo, hier enquerro, cotetto de Tullo, passo déjia oquesto e li foro, beleou, demo omb' Limotche, cado jiour pus fouorto, pus grondo, pus pouderouso. Bribo merito aro l'elotchi que fosio de Limotche, n'i o cinq cens ons, un Moungie del Moustié Sent-Mortial : — « *Officina diligentiæ et ergastulum desidiæ.* » — Lo bilo treto uno boutico ound, cadun trobaillo; digun li muso, se li trobo cat de bodaïre !

« Vous les verrez poussant sur les rocs les plus durs.
« Verts, d'un vert éclatant de faïence émaillée,
« Ils couvrent tout le sol : pentes, buttes et combes ;
« Ils déploient largement leur tète ébouriffée
« Et, droits sur leur racine, orteil solide et dur,
« Cependant qu'à leur pied la terre est assoupie,
« Ces arbres altérés s'abreuvent de soleil. (1)

Qui a admiré la luxuriante plaine de Brive ne saurait l'oublier ! Mollement assise au milieu de la verdure, au pied des collines qui lui font écran, la ville, hier encore, modeste sœur cadette de Tulle, prend aujourd'hui le pas sur cette cité, osera demain, peut-être, rivaliser avec Limoges ; chaque jour, elle voit grandir son importance, sa richesse, sa prospérité. Brive mérite pleinement, de nos jours, ce bel éloge que faisait de Limoges, il y a cinq siècles, un Moine de l'Abbaye de Saint-Martial : « La ville entière est une vaste officine où chacun œuvre, travaille. Elle ignore la torpeur et la fainéantise. »

---

(1) Vermenouze. — *« Sous le chaume »* — « Le Pays-Bas » P. 365.

Es de fet qu'ocroncat ol trobal, pocin é bolion, lou Limousi repeto los aigos de soun poïs. Coumo guellos, soun corotari se desportachio, meitat Nord, meitat Mietchour.

Otaou ero, detchia, n'i o dous mill'ons; otaou besons leis *Lemovices* del temps de Cesar e del nostre Bercingétorix. Lou roufle des Borbares benguts de delaï Louero é Rhin passo sul Limousi; l'ofrabo sons l'entemena. Prout temps

Acharné au travail, endurant et énergique, le Limousin offre, dans son caractère, les mêmes contrastes que les cours d'eau de sa province natale. Comme eux, il est, à la fois, attiré vers le Nord et le Midi, participant, quasi à doses égales, à ces deux extrêmes.

Tels apparaissaient déjà, il y a deux mille ans, les « *Lemovices* » contemporains de César et de notre Vercingétorix, qui se différenciaient nettement de leurs voisins par ces distinctives. L'invasion des Barbares, venus d'outre-Loire et d'au delà du Rhin, inonde le Limousin, le réduit à la pire misère, mais sans l'anéantir. Pendant des siècles, vous

obes estat poïs d'Oquitono, coumo l'Oubernhe prout temps l'Onglès bous o fat
lo ley. — Quond sias pas les pus
fouorts, que poudias pas fa de min,
plegosias l'esquino toun bous opora lou
mourro ; mès, jiomaï, se pouot offourti,
n'obès estat del portit Onglès ; toujiours
s'es demourats Limousis. Reis de
Fronço, d'Ongloterro fosio ol pus
fouort qu'aou bous gognorio ; l'un bous
estiroussabo bos Poris, l'aoutre bos
Bourdeou ; baoutres biliosias pas que de
tourna en uno per repenre clon ol trobal. Olero, lou peison empougnabo
l'olaire, l'oubrié piocho é mortel ; lou
merchiond durbio so boutico, bouostres quittes *esmaliurs* d'o Limotchi olu-
cabou lours fours, replonioou lours

avez fait partie, avec l'Auvergne, du royaume d'Aquitaine, puis avez subi, pendant une longue période, la domination Anglaise. Vous avez ployé, contraints et forcés, sous la loi du plus fort, vous garant de votre mieux des coups qu'il vous fallait essuyer; mais jamais vous n'avez fait cause commune avec l'Anglais, n'avez abdiqué votre nationalité; toujours vous avez su rester Limousins. Monarques Anglais et rois de France se disputent sans trêve la possession de votre province; l'un vous attire vers Bordeaux, l'autre vers Paris; votre patriotique ambition fut surtout d'obtenir la paix qui vous permit de redonner essor à votre commerce, à vos industries. A la moindre accalmie, le laboureur reprenait aussitôt le manche de sa charrue, l'ouvrier ressaisissait pic et marteau, le marchand s'empressait à rouvrir sa boutique, vos célèbres émailleurs de Limoges rallumaient leurs four-

couires ; cadun li fosio de soun miel. —
Peiriès, ressaïres, fustiès, tiouaïres,
tournabou porti fouoro poïs per dempli
lou fousset o rigour de trima e, leou,
les cosaous reprendiou fouormo d'ous-
taous, lou blat tournabou broulia din
lo terro ensetado, lou merrin tournabo
flouta sus l'aïgo. Coumo furmos e obillos oprès un ouratchi, lou Limousi
bolion tournabo fa soun nioud.

Ses pas baoutres, deis ozordious ni
deis esoltats que, risco que risco, z'o
prendou tout dobon. — Bouostre corotari, oti, maï Nord que Mietchour, se
demefio de n'en trop ozorda, satchiomen

neaux, laminaient leurs cuivres; chacun se donnait tout entier au labeur. Maçons, scieurs de long, charpentiers et couvreurs essaimaient de nouveau, allant chercher au loin un travail rémunérateur qui leur procurât un pécule, et bientôt, les chaumines détruites par les guerres se relevaient de leurs ruines, le blé levait de nouveau dans vos guérets; vos rivières revoyaient leur lit encombré des bois qui y flottaient en masse, dirigés vers les centres de consommation. A l'exemple de la fourmi laborieuse, réparant les désastres d'un orage, le Limousin reconstituait son foyer.

Vous n'êtes ni des aventureux, ni des « *emballés* » de nature; vous vous refusez sagement aux risques périlleux des audacieux coups de fortune. Votre caractère, apparenté de plus près, sur ce point, au Nord qu'au Midi, est plutôt timoré, prudemment méfiant, recule devant ces entreprises téméraires qui se sol-

pourus de z'o tout perdre per ona trop
biste. — Digus z'o offusta pus juste
qu'oquel qu'o dit de baoutres : — « Le
» Limousin n'est pas un chercheur
» d'aventures, comme le fils des mon-
» tagnes ou les pêcheurs de nos côtes.
» — Il méprise l'inutile danger, il se
» méfie des fortunes édifiées trop vite.
» Il aime à mener sa vie, non comme
» un fleuve capricieux qui s'égare et
» revient, flâne, puis se précipite et
» déborde dans les plaines où il sème
» l'épouvante, mais comme une de ces
» rivières modestes, sans cesse accrues
» par de modestes affluents, qui coule
» sans bruit dans un ravin ignoré,
» reflétant dans ses eaux sérieuses les
» cheminées d'usines et les roues des
» moulins. » (1)

Tot leou qu'obès counegut de que
bolio bouostro terro d'o Coussat e

---

(1) Vezère. — *Ibid.*

dent par la fortune ou la ruine. Aucun psychologue ne vous a mieux analysés que l'observateur subtil qui a écrit :

— « Le Limousin n'est pas un
» chercheur d'aventures, comme le
» fils de nos montagnes ou les
» pêcheurs de nos côtes. — Il
» méprise l'inutile danger, il se
» méfie des fortunes édifiées trop
» vite. Il aime à mener sa vie, non
» comme un fleuve capricieux qui
» s'égare et revient, flâne, puis se
» précipite et déborde dans les plai-
» nes où il sème l'épouvante, mais
» comme une de ces rivières mo-
» destes, sans cesse accrues par de
» modestes affluents, qui coule sans
» bruit dans un ravin ignoré, reflé-
» tant dans ses eaux sérieuses les
» cheminées d'usine et les roues des
moulins. » (1)

Dès que vous avez connu les pro-
priétés rares de votre kaolin de Cous-

____

(1) Vezère. — *Ibid.*

oquello d'ô Sent'Yriey (2), coumo furmos é obillos, dount parlabe tout aro,
n'obès tirat portit tot soute qu'en min
de cent'ons lo pourceleno d'o Limotche
s'es fa counesse e recerca d'un caïre ô
l'aoutre del mounde. Tot leou que lou
comi de fer o douna soun couop d'esti-
floou ô Olossat e ol ras d'ô Trober-
sat (2) obès oronca de terro oquello
jionto tioulo que s'escompillo ohuey per
toutes poïs e ocato nostres quittes
mozuts de mountonhos, ol pus nal des
puets d'Oubernhe. Demo, tot plo, tiro-
rès, ço disou, de l'or debos Sent'Yriey!

Troboliaïres, ottemats, orusats que
caou sat, quond bous s'es metut pel cap

---

(1) C'est à Coussac-Bonneval et à Saint-Yriex qu'on
trouve le Kaolin utili é par les fabriques de porcelaine
de Limoges.
(2) Les ardoisières d'Alassac et de Traversat sont en
pleine exploitation.

sac et de Saint-Yriex, comme ces abeilles et ces fourmis, dont je citais l'exemple, vous avez exploité ces richesses de votre sol avec une intelligence et une activité telles qu'en moins d'un siècle vos porcelaines de Limoges ont acquis une réputation mondiale. Aussitôt que la voie ferrée a traversé vos ardoisières d'Alassac, desservant, à proximité fructueuse, celle de Traversat, vous avez mis en active exploitation ces carrières dont les produits sont appréciés partout aujourd'hui, vont jusque sur les cimes de nos pics Auvergnats, former la toiture des agrestes burons de nos montagnes (1). Demain, peut-être, affirment certains, on exploitera des mines d'or dans la région de Saint-Yriex !

Laborieux et tenaces, madrés comme pas un, quand vous avez

---

(1) Le buron Auvergnat est le chalet où les vachers fabriquent le fromage pendant les périodes estivales que les vacheries cantaliennes passent dans les pacages des hauts plateaux appelés « la Montagne »)

ticouon, sons brut, son jiomaï fa leis oboïons, de fieou ou de blesto, en segre lou comi grond ou toun penre les courredous, tenès rété, l'i oribaï, n'obès pas lou démentit! Raço fouorto, ocroncado, n'enginaï pas maï que n'en poudès teisse. Caou pas bous domonda l'*estrambor,* lo foufo, de l'ome Miejouraou, soun biaï de z'o tout penre dobon, lois det paroulos per uno del sieou longatchi tont flouri é lecodou. Baoutres, ses mounde pus *cap bas,* n'obès pas lo pougnado de mo tot lesto, l'omistat tot obourioubo, lo caro tont espondido, lou cur tot biste opposiounat. Cadun sos colitats! Leis bouostros soun de fieou que duro e peto pas o l'estirado! Omb' un ome qu'o l'er de bous plot counesse, bous diraï :

« Nulle part, on ne trouve une plus » grande somme de citoyens utiles,

pris une décision, résolu une entreprise, coûte que coûte, sans que la difficulté vous rebute, fonçant sur l'obstacle ou le contournant prudemment, vous atteignez le but, connaissez rarement la déception d'un échec! Race énergique et têtue; vous savez mesurer vos ambitions à vos forces. Il ne faut attendre de vous, ni « l'*estrambor* », ni la fougue du Méridional; vous ignorez son enthousiasme, sa faconde, les séductions de sa persuasive éloquence. Vous êtes de ceux qui vont « tête basse », droit devant eux, immuables dans leurs résolutions, ignorant l'étreinte banale, la sympathie spontanée, l'accueil démonstratif, l'amitié facile, instinctifs aux races méridionales. Chaque province a ses qualités propres. Les vôtres sont tissées d'un fil inusable qui résiste à la torsion. Avec un de vos appréciateurs les plus sagaces, je répéterai volontiers :

« Nulle part, on ne trouve une
» plus grande somme de citoyens

» d'artisans habiles, de commerçants
» rompus à la pratique à la fois har-
» die et prudente du négoce. Le travail,
» le sérieux de la vie, le goût de l'épar-
» gne remplacent la richesse » (1).

Soun mai qu'un troupelou e se forio
un bel libre rès qu'omb'leis noums deis
Limousis, qu'os temps onciens é huey,
oou deissa marco din lo Scienço, troça
d'uno plumo sobento un regou dret e
prioun. O lou segré l'humonitat fo del
cominou, destretchio uno coraou eisado
e leis generotious d'opresso un comi
grond oploni que meno cado jiour pus
long bo lo Cibilisotiou e lou Prougrès.
Entre toutes leis sieous bisits, lou

------

(1) Vezère. — Ibid.

» utiles, d'artisans habiles, de com-
» merçants rompus à la pratique à
» la fois hardie et prudente du né-
» goce. Le travail, le sérieux de la
» vie, le goût de l'épargne rempla-
» cent la richesse » (1).

Ils sont légion et la liste de leurs
noms formerait un gros volume, les
Limousins qui, dans les siècles passés ou de nos jours se sont immorta-
lisés par leur savoir, ont laissé après
eux un lumineux sillon. A mettre en
pratique leurs enseignements, l'humanité a élargi peu à peu le sentier
étroit et malaisé qu'elle suivait à
grand'peine; nos arrière-neveux tra-
vailleront après nous à aplanir encore, à rendre meilleure, accessible à
tous, la large voie rectiligne qui
s'ouvre, s'allonge chaque jour un peu
plus loin, nous rapprochant davantage du but idéal de la Civilisation
et du Progrès. Un parallèle avec les
provinces voisines est flatteur pour

____

(1) Vezère, : Ibid.

Limousi es, oti, un deis einats, e
d'oqu'o, maï enquerro que de soun trobal de brossiès, lou caou félicita, recou-
nesse que pouot omb' ourgul tene cap
o toutes les poïs de Fronço.

le Limousin qui tient la tête dans ce
noble et pacifique tournoi. Mieux
encore que les progrès matériels
qu'il a su réaliser, cette soif d'idéal
lui vaut nos sincères hommages,
nous font saluer en lui un des cham-
pions les plus déterminés du Progrès
qui n'entend se laisser dépasser par
aucune autre province de France.

Excusez-moi, Mesdames, Messieurs,
de vous avoir demandé une attention
trop longtemps soutenue pour entendre mon dialecte Cantalien, rude et
hirsute, si sensiblement différent de
votre idiome Limousin. Celui-ci tra-
duit la vie plus douce, le climat plus
tempéré d'une région d'accès plus
facile. Il participe à la langue plus

policée et plus riche de ses voisins du
Périgord et du Quercy, apparentés
de plus près, eux-mêmes, au pur Languedoc. Merci aux Félibres limousins
de leur bienveillante attention.

Mieux et plus puissamment qu'en
bien d'autres provinces, le Limousin
a su revendiquer, des premiers, le
bienfait d'une sage décentralisation,
provoquer, par de fécondes initiati-
ves, d'importants groupements, la
résurrection ou la conservation de
tout ce qui, dans le passé d'une race,
mérite amour et respect.

Vous êtes, assurent les philosophes, les économistes, des hommes
de « juste milieu », aussi étrangers
à la fougue méridionale qu'au scepticisme Parisien, de tempérament
aussi éloigné des extrêmes que votre
sol l'est des brumes du Nord et des
rives méditerranéennes ensoleillées.
— Dès que Mistral eut sonné le réveil
du Provincialisme, une pléiade d'artistes, de savants, de poètes, de félibres s'est levée en Limousin qui a
recherché pour les remettre en lu-

mière vos gloires anciennes, a épuré et revivifié votre dialecte, renoué, à travers les siècles, la tradition de vos grands troubadours. Grâce à leurs énergiques et persévérants efforts, revues et journaux ont surgi, tels *Le Limouzi*, de tenue si littéraire et de valeur documentaire si appréciée ; de puissantes associations se sont nouées, de jour en jour plus nombreuses et plus prospères, concentrant et aiguillant les efforts individuels avec un sage à-propos qui font de vos groupements félibréens des modèles.

Adaptant aux exigences industrielles leur génie créatif, vos artistes ont donné à l'art décoratif cette impulsion heureuse, ce renouveau très typique qu'affirment leurs vases flammés et givrés, leurs barbotines, leurs émaux, leurs porcelaines sculptées ou peintes. — Vos érudits ont fouillé vos archives, mis à jour leurs trésors, tel mon savant et vénéré ami, le chanoine Poulbrières, auquel votre Société archéologique rendait

tout récemment un magnifique hommage. On a pu dire en toute vérité
que, grâce à l'impulsion de votre
élite intellectuelle, dont je salue avec
déférence autour de moi les représen-
tants autorisés, le peuple limousin
a entr'ouvert son écorce rugueuse
comme celle de ces belles châtaignes
dorées qui font éclater, à l'automne,
leur enveloppe hérissée de dards
pour laisser glisser ensuite leurs
fruits mûrs sur les gazons pâlis.

Il est donc pleinement justifié l'ad-
miratif hommage que je rends au
Limousin, cette belle, forte et saine
province du centre Français dont
l'éloge tient tout entier dans l'adage
antique : *In medio stat virtus.*

Coumo lo fouon tiro bo lo ribiero,
ieu torne, son m'entroichia, ol porlat
d'Oubernhe per bous dire moun grond
morcès del bouostre coubit, cossi me
sei corrat ol miet de baoutres. L'ebetchio me tenrio prout de fa moun
coumplimen on ô codun; mès l'io uno
caouso ound' Limousis é Oubernhats
sons poriès; leis unses coumo leis aoutres z'ouplidons tout, z'o quittons tout
per fa festo o uno poulido demeiselo!

Me gordossias pas roncuno, se vous
plai, de bons ouptida, baoutres toutes,
e mémomem moun counfraïre Boumbal qu'ourio lou deber de felicita per
pensa qu'o la bouostro Reino del Feli-
britchié Limousi tout brobounello e
douçoreloto.

M'obio fa prout doou, tira, Demeiselo, d'estre tot long de bous ô lo Sent

De même que les eaux dévalant des pentes s'écoulent naturellement à la rivière, je reviens d'instinct à mon dialecte Auvergnat pour vous remercier cordialement de votre invitation, vous dire ma joie sincère de participer à cette réunion. Volontiers, je désirerais complimenter chacune des personnalités groupées ici ; mais, Limousins et Auvergnats connaissons même entraînement ! Aux côtés d'une jolie femme, nous perdons volontiers la tête, oublions tout, pour ne plus songer qu'à lui faire la cour ! Ne m'en veuillez donc pas, Messieurs, de négliger jusqu'aux félicitations si légitimement dues à mon confrère Bombal, et de n'avoir d'yeux que pour votre gracieuse Reine Limousine !

J'avais grand regret, Mademoiselle (1), au banquet de la Ste-Estelle de Montpellier, de n'être pas votre

____

(1) Mlle Marguerite Priolo, Reine du Félibrige Limousin.

Estello d'o Mountpélié, de poueire pas
m'otura ol pus ras. Ohuei, bous pouo-
de dire, sans messourgo ni oboiondado
qu o Mountpelié, Proubénço e Limousi erou fronc ô fronc, plot emborossats
toutes si nous obio congut dire qu'o-
gno ero la maï ô souhet de la Prouben-
çalo ou de la Limousino!

Reino del Naou-Mietchour, si leis
Limousis bous nounmerou, leis Oubernhats li opploudissou e bous domon-
dou de lour douna on' oguetchiès oto-
be un soureire d'omistat.

plus proche voisin. Aujourd'hui que j'ai cet honneur, laissez-moi en profiter pour vous affirmer, en toute franchise, et sans crainte d'être démenti qu'en la vieille cité Montpéliéraine, les Reines de Provence et de Limousin rivalisèrent de grâce et de charme. On eut fort embarrassé les nombreux convives si on les eut obligés à formuler une préférence tant la charmante Provençale (1) et la jolie Limousine étaient également séduisantes !

Reine Félibréenne du Haut-Midi, si vous devez votre empire aux suffrages Limousins, les Auvergnats y joignent les leurs et vous demandent, en récompense, la faveur d'un de vos sourires.

C'est en Français, mais en Majoral du Félibrige que je veux remercier et féliciter les organisateurs de cette belle Félibrée. Le Félibrige

____

(1) Mlle Magali de Baroncelli-Javon, Reine du Félibrige Provençal.

Limousin est à tous et plus particu-
lièrement à l'Auvergne, un exemple
et un modèle. Sa vitalité expansive,
la cordialité féconde qu'il engendre
sont la preuve manifeste de ce besoin
inné, plus particulier à notre temps,
de groupement entre indigènes d'une
même région. De même que la pas-
sion conjugale la plus ardente ne
diminue rien de l'amour filial, ainsi
notre culte enthousiaste mais rai-
sonné de la terre natale ne doit
qu'aviver notre patriotisme, nous
rendre plus fiers, défenseurs plus
énergiques de la glorieuse et indissoluble unité Française, des Alpes
à l'Océan, des Pyrénées au Rhin.

C'est à la prospérité de votre beau
Limousin que je lève mon verre, à
ses Félibres, à leur « *Chaptal* », à
leur Reine.

Aurillac. — Imprimerie Moderne.